Une flèche de jour
avec l'arc de la nuit

Du même auteur

À la limite du désert, Les Chemins de Traverse, 2001

L'amour domine la solitude, Les Éditions du Net, 2013

Du sentiment à perdre, Éditions BoD, 2014

Chant de ruines, BoD, 2015

Une torche allumée au cœur des crocs, BoD, 2018

Les reproches n'éloignent pas, BoD, 2019

Traces d'un pays, BoD, 2021

Renversement de tendance, BoD, 2022

La Vague des hiers, BoD, 2022

Petite maman immense d'amour, BoD, 2024

Cairn, contribution au recueil *Au-dessus des rimayes, Quatre plumes unies par la montagne*, BoD, 2024

Un blog notes ouvert en novembre 2011 :
https://www.pascaloupdesavoie.fr/

Pascal Verbaere

Une flèche de jour
avec l'arc de la nuit

© Pascal Verbaere, 2025

Édition : BoD · Books on Demand,
31 avenue Saint-Rémy, 57600 Forbach,
bod@bod.fr
Impression : Libri Plureos GmbH,
Friedensallee 273, 22763 Hamburg (Allemagne)

ISBN : 978-2-3225-9477-1
Dépôt légal : mai 2025

*" Écris vite ce livre,
achève vite aujourd'hui ce poème,
avant que le doute de toi ne te rattrape,
la nuée des questions qui t'égare
et te fait broncher, ou pire que cela..."*

Philippe Jaccottet, *Chants d'en bas*,
Éditions Gallimard, Collection Poésie, 1977.

" tout est perdu / tout est sauf ".

Philippe de Villiers, *Mémoricide*,
Fayard Éditions, 2024.

Exeat pour un documentaliste hier encore béat *

Au CDI, Évelyne Brisou-Pellen allonge l'un de ses titres : *le crâne percé d'un trou... de cimetière*. Je traîne quand même des pieds, à la perception du terme de mon métier.

Soleil de pré-rentrée, un buffet froid vient d'être dressé sous le préau. Je traverse ma peine ; dans la cour, le score des enfants taquine l'amour de l'équipe de Saint-Étienne. Le rouge de Liverpool me guette.

D'un dessert distrait, les collègues écoutent un amorti de carrière : quatorze saisons ici, ce n'est pas rien. Mais balayons tout cela et qu'on n'en parle plus.

Déjà je me vois assis sur un banc, cinq dernières minutes avec moi.

Le passé ne décompose pas le présent

Tu ne nourris aucun dessein, en ce jour
où cent petits vont venir à leur tour
rafraîchir le collège. Tu te contentes
de regarder, sur ta mauvaise pente,
les dessins commis pour ton délice,
il n'y a pas si longtemps, par Enzo et Alice.

Fiche d'après *

Distribution des manuels,
les élèves découvrent
la nouvelle figure de proue :

" *Ça va nous faire bizarre
de ne plus voir Pascal* ".

La prof doc trouve normal
que leurs esprits en soient hantés
et les rassure quand *bizarre*
revient aux lèvres, le bureau éclaté.

Petit caillou, perds ce chemin

Tes anciens collègues,
tu feras jeune de ne pas les revoir.

Cela reviendrait à devenir bègue
d'une page arrêtée dans l'histoire.

D'un nouveau chapitre assidus,
ils ont pris la récré pour des mots.

Rien pourtant ne t'était dû ;
épargne-leur un écho.

La tradition fait le dégoût

Tu as dû mettre les voiles,

cela réjouit la nouvelle ère.

Ton être avait le don d'hérisser le poil

du monde qui ne fête plus les pères.

Rendre ses clics et reprendre sa barque

La toile, elle sait faire en sorte

que les araignées taisent l'essentiel.

Au bout du fil, la mouche ne coche

aucune de mes phrases. Le réseau

ne trouve plus l'entrée de ma ville ;

j'en sors avec la possibilité d'une île.

Dans la cale du drakkar

En l'espace d'une année,
tu auras perdu ta maman
et tes enfants de substitution.

Ce n'est pas un fjord pour trépaner ;
résouds-toi plutôt à la perfection
d'un trou de Viking sur le sable blanc.

Double ration *

Méditer aux plages du midi
sa petite marée d'enseignant
peut pimenter d'une pierre de sel
et de frites dorées un steak saignant.

Les coquillages n'ont jamais vu l'amer
dans le carré de sable que je leur réservai.

Ils s'en souviennent si bien en réseau
que je n'entends guère de râteaux
et le fait d'être dans leurs petits papiers
rame sans fausse pelle à Aiguebelette.

Ne demande pas ton reste

Tu gis poète barbu,

te fonds dans le désert.

Ta fable s'embrase, tel l'abus

interdit à jamais de thé vert.

L'arbre de renommée

Les feuilles que je porte encor

sont à la ramasse ; aucun appel

ne viendra relier toutes ces pages.

Remarquez, un écureuil enveloppe,

avant le manteau de l'hiver, son lot

de noisettes sauvages avec elles.

Nid de fortune

Ouvre vite tes volets,

tu auras fenêtre sur amour.

Les petits oiseaux sont à ton chevet ;

tu feras encore du pain ce jour.

Déchirement *

L'oiseau a posé une plume

sur l'avant-bras blessé.

Avec le temps, un linceul

est venu la remplacer.

Naguère des étoiles *

Les passants alertes

ne lisent aucun laser

dans ta canne. Ouverte

sur le banc, une bibliothèque

brûle du premier cœur sec.

Ploie au chapitre

Nous avons entendu cette jeune femme ;

tu n'es pas dans le livre de sa vie.

Tu te croyais aux nues, encore un blâme ;

choisir de se vivre seul sévit.

Un démenti pour dot *

Le grand gentil Pascalou n'existe pas ;
croyez-en mon manque d'expérience.

Sa vie durant, il aura pris un malin plaisir
à me faire perdre mon tablier de bergère.

J'étais pourtant toute disposée, pour lui
et les louveteaux de notre alliance,
à être une femme au foyer.

Un bonjour étouffé a gardé le pire

Une jolie blonde repasse sous la voûte

à deux glas de la cathédrale. Elle maudit

l'agneau Pascal, taiseux de la bergerie

d'où ils auraient mis le loup en déroute.

Mise à sac de rando *

Ils ont des vues, ces quatre auteurs,
sur la montagne ; même pas peur,
le dahu. " *Tiens, ce planté de quatrains,
tu m'en diras tant* ", glisse Ysengrin.

Conseil de Grâce

Pierre, ne sois pas dans la lune ;

la ville goûtée de Rousseau, et d'une,

te confie une âme sociale, et de deux.

Vois-tu, elle aura transmis

le sel de la terre toute sa vie.

Pierre, prépare les croissants ;

Michèle va nous instruire éternellement.

Va bene fils d'inventaire

Tu appartiens à tant de familles
par le sang, l'éducation, le travail,

la poésie, le vélo, la patrie,
le football puisé dans la mine.

Tu ne marcheras jamais seul ;
il y aura du monde au saut du linceul.

Beaucoup d'amour *

Tu descendais vers le marbre

quand elle a croisé ton cœur.

Ses cheveux à grimper aux arbres

ont coupé court à ta dernière heure.

La réparation de l'église *

Au sortir d'une coupe minimaliste,

je me suis souvenu que j'étais de mèche

avec la cathédrale. J'ai gardé le silence

face au Christ et jusqu'au vieux prêtre

de permanence. Peut-être s'est-il senti

mâle à cette question : " *L'œuvre*

de l'abbé Pierre doit-elle être réduite

en poussière de sperme ? "

Tassé sous le tronc des âmes du purgatoire,

j'entends des femmes prier : " *Au secours !* "

Philippine

Dans l'église, tous fidèles de son cœur,
nous intercédons auprès du Très-Haut.

Il revient à la Résurrection de donner
la paix à une âme qui aura, sans pouvoir

vivre le nombre des années, tant accompli,
richissime de la promesse des fleurs.

Lexi Rose *

Une fille moderne,

comme la chante Éric Clapton,

joue de la guitare.

Elle est de New York

et nous pince le cœur

aux ciels de ses cordes.

Faim du commencement

Il ne tait pas ses premiers jours,

le bébé du plafond ; j'entends la nuit

marcher d'un biberon d'amour.

C'est une nouvelle preuve

versée à l'arbre sans fruit ;

les larmes de l'inutile m'abreuvent.

Tu es resté un fils, pauvre homme *

Souviens-toi, ton corps s'est levé,
lui aussi, pour une fleur de névé.
Pourquoi n'as-tu pas ignoré le froid
installé dans ton cœur, pourtant droit ?
Souviens-toi comme les yeux clairs
de Dominique fondaient un foyer,
à l'amphi de la rue Marcoz.
Souviens-toi d'un ange, éclair
d'Ingrid, qui aurait choyé
ton bonjour rouge de sa rose.
N'oublie rien de tout cela ;
tu en seras griffé dans l'au-delà.

La chair et l'aigle

Ce corps qui n'en finit

pas de te descendre,

seras-tu fort dans l'envie

de l'éclater avant les cendres ?

Il se pose là, le pont de l'abîme,

à t'accorder, en désespoir, une prime.

L'aval de la source *

Comme le chien qui attend son maître
à la gare depuis des années, je suis fidèle
au passage marqué d'un petit ange blond.

J'efface le beau brun pleutre et débile
et j'écris sur le mur au feutre indélébile :
Quand est-ce qu'on se mélange, Manon ?

Jardin d'hymen *

Marie Line,

c'est ce que tu as de mieux

à faire dans ta vie d'homme.

Marie Line,

elle est riche du cœur que Dieu

a entouré d'une chair de pomme.

Ton corps fiance mon cœur de faïence

Ma solitude se veut perchoir

dans le feu de tes reins.

Célibat du soir,

noce au matin.

Au programme

Les cris des enfants

de l'école d'à côté

me font le plus grand bien.

Ils apprennent, innocents,

la parole à chanter

au nuage du quotidien.

Les vertus ne sont pas virtuelles *

Panique en ville,
la toile a régné.

Abdique. Liez vraiment îles ;
l'étoile vient enseigner.

Plus de zombies en ligne,
l'humanité se refait signe.

La nature sans réserve

Ils connaissent sur le bout
de leurs plumes le sens du vent,

hument les petites fleurs
qui s'inclinent vers le soleil.

Ils gagnent toutes les heures
que le Grand Esprit fait.

Ils perdent toute arrogance
quand une Cherokee les essaie.

Ahou Daryael

Face à la caverne de barbarie,
elle prend à corps de réciter
toujours et encore la liberté
que son cœur de femme instruit.

À la hauteur de l'Amérique

Comme Johnny le chantait
si bien et si fort,
ça ne change pas un homme.

J'aime à penser
que tout petit déjà
on est grand de soi.

Une preuve, irréfutée j'espère
dans la nuit américaine, Donald
a plus d'une tour dans son sac d'écolier.

Backspin

L'Europe compte pour rien

dans le parcours de Trump.

Cela suffit comme effet rétro

à fêter la Victoire des USA.

La bannière étoilée renaît ;

elle ne déchire pas la Nation.

La mémoire ne dégrade pas *

Sur l'affront comme l'oubli,

nos temps modernes ont,

semble-t-il, pris du galon.

Les noms du monument

rappellent pourtant

des officiers au repli.

Sévère amour

Dis-moi combien d'ennemis
tu as, Israël, et je pourrai, en ami,
mesurer ta bravoure. Garde foi,
face au nombre qui se veut loi.

Au nouveau stade de la barbarie

Anne, ma sœur Anne,

ne mets pas une étoile

en ville d'Amsterdam.

Une horde fait honte

à la fraternité

de l'Amstel et du Jourdain,

comme répand des flots

d'une haine

que l'on croyait appartenir au passé.

Souvenance téméraire

La France est froide du feu

que l'on met à ses valeurs.

Le camp du déni est chaud du nœud

qu'il serre au cou des vrais pleurs.

Le Pays va hisser un étendard

qui n'aura rien de tiède ; tous gaillards !

Décrassage *

Edoardo Bianchi s'impatiente
de revoir ton cœur mouliner
à plus d'une pente.

Réponds à son appel
et tu auras le corps raffiné
devant la prochaine chapelle.

Une chose trop oubliée

Relis *le petit prince* ;

ton cœur, à grande eau,

il le rince.

Chimène endigue

Elle a entendu battre

mon cœur de pluie.

Joue de théâtre,

sa douceur éponge ma nuit.

Douce de secours

J'épanche à la fenêtre de son cœur

toutes les morts de ma vie.

Telle Grâce Kelly, elle accourt

et au véritable amour m'aguerrit.

Quand est-ce qu'on se marie ?

L'autel a gardé notre ressemblance,

depuis plus de trente-trois balbutiements.

La formule consacrée s'avance ;

échangeons en faim nos consentements.

Gauches de l'annulaire

Angie est aussi timide,

sinon plus, que moi.

Au *Lys d'or*, Gaby décide

pour nous de la bague au doigt.

Flamme russe

Nous partons, dans une froidure inattendue, pour la grande maison d'une fille terrible. Gabrielle nous réchauffe d'entrée le cœur : " *Installez-vous, les petits, y'en a pas pour longtemps.*"

Au salon rouge, avant l'agitation des couverts à fondue, Raspoutine pique notre curiosité. Il crève le cadre d'une peinture à l'huile.

Gaby a fait vinaigre ; le caquelon, frotté avec une gousse d'ail et chauffé au blanc de pierre à fusil, nous est conté.

Loin de vouloir en faire tout un fromage, Raspoutine retourne au mystère de la foi dans l'extravagance.

Un dégât constaté en hauts yeux

Le monde a commencé,

Dieu sait quand,

à casser le soleil

en petits flambeaux.

Ces débris de lumière,

tu les ramasses,

pourvu que Philippe Jaccottet

relève ta trace.

L'empreinte de la forêt

Premières raquettes vouées à la croix

du Nivolet ; des loups montrent patte grise.

Sous un petit chaperon vert, mes tempes

les confortent ; ils poussent l'aventure.

Le renard reste libre dans l'objectif *

Qu'est-ce qu'il goupille, le photographe ?
Ses yeux ne brillent pas pour mon épitaphe.

Lors, je prends la pose, qu'il m'apprivoise ;
elles peuvent attendre, les framboises.

Patou d'un coup

En montagne, le temps se couvre

à ne pas perdre la laine.

Le sage du plan Lachat verse

aux ravines le lac des Cerces.

J'ai les nerfs en pelote ;

une louve m'attend à la bergerie.

La souffrance montée en épingles

La fée Électricité s'épanche

en pure perte. À trois reprises,

ma vie s'est passée d'ailes

pour faire des étincelles

dans le col du Galibier.

Lors, rempli de cette église,

j'échappe, au creux de la hanche,

à la tentation de mettre le gabier.

Aux derniers éloges

Dis, toi que voilà,

que fais-tu de ta retraite ?

Je prends les choses

au ralenti, une à la journée,

pour ne pas dépenser

d'un coup le temps

qui se teste avec la pudeur

de la rose sur le marbre.

Avoir le dessous pour avoir eu le dessus *

      Je suis, comme Robert Vaughn,

    ventre à nerf dans une bicoque.

      Je poursuis, on my own,

  l'œuf imparfait jusqu'à la coque.

Trouver midi au café de Paris *

Autour de la table, quatre convives

ont le cœur aimable, qui meurt

à petit feu de toutes ces heures

partagées autrefois entre loup et grives.

Hi-han, au soleil authentiquement *

L'intelligence artificielle

et l'âne de sang chaud

sont à Bellecombe-en-Bauges

pour un poste de traceur.

Le maire des hameaux enclavés s'appuie

sur leurs CV pour le débarras du choix.

Le bâton pour l'une,

la carotte pour l'autre.

Ces gains tournent aux larmes

Il est né, le Beaujolais ;
du bœuf et de la tomme de Blanquette,
pour faire bonne ripaille, l'accompagnent.

Le loup arrose la plaie,
toujours béante, et baisse la bobinette,
d'avoir perdu sa mère dans la montagne.

Une silhouette noire *

La station que j'avais saisie

par le col tend la première neige

à mon cou. Clio, hier encor, easy

rendait la route ; regrets en cortège.

Le Salut désarmant

Les âmes doivent faire leurs classes,
avant de pouvoir accéder à la Lumière.

Chacune a une vie en bandoulière ;
sortez du rang, présentez disgrâces !

La chair est forte

Il a diantrement raison, Paul Auster ;
c'est le corps qui donne tout son sens
à notre passage sur terre.

Quant au cœur, il peut battre d'innocence,
si l'écoute d'un poème de Baudelaire
embrasse la ligne d'une fille de l'air.

Fille de tristesse

Les clients de ton corps

ont souvent piètre idée du cœur.

Tu ne seras jamais, sous tes dehors,

liquidée au rayon de la blancheur.

Les rennes ne rongent pas leur frein

Le fond des bois de Rovaniemi

ne fait pas une tête de gondole.

Les commandes, il s'y est mis,

Barbe blanche, en alerte molle.

Tout vient à point pour le feu

qui ramone aux heures bleues.

Caveau de Noël

Un monde court à sa fête

et le fait savoir ; méchanceté inouïe.

Les marchands ne connaissent

rien au temple de la privation.

Les pauvres retardent leur assiette ;

la publicité a, pour eux, un goût de suie.

Les marchands ont la bassesse

du siècle en pleine délectation.

La flèche du soldat revenue

Elle se veut pleine, la remise,
de la France. Les rires narquois
s'imaginent interdire son carquois.

Pour la mère républicaine et l'église,
avec tout mon amour sous leur pluie,
je reprends l'arc du triomphe à la nuit.

L'office de l'archer

J'ai retrouvé une grâce

de mon grand-père

sur les quais de Paris.

Le bouquiniste se retourne

avec moi ; on a veine à revoir

la flèche de Notre-Dame.

Comme en 1967, nulle trace

d'une volée de bois rouge.

Le chapeau flotte *

Le bord de la rivière ne s'aligne
   plus sur la beauté d'Alain.

Au port des feutres,
je refuse de me montrer pleutre.

Sous la roche je vais lancer une ligne,
   pour la truite au cœur cristallin.

Ta vie sans elle

Inutile de frayer d'un silence,

tu as, par le dernier courant de juin 1990,

laissé le grand amour dans l'ombre.

Ne t'étonne pas de la pénitence ;

lors, seuls des petits soleils

se sont levés sur tes jours.

Le huitième nain

Elle étend les draps,

de son seul sourire.

Dans tes bras,

tu préfères mourir.

Concorde à linge

Elle refuse de me laisser

mourir dans mes bras.

La solitude dont j'abuse, enlacée

de son sourire, étend les draps.

Sourires de lycée

Vernis, ils traversent le jardin du Verney. La vie les dispense d'une herse, dans le sillon de leur projet. Ils ont allumé aux yeux l'autre côté de la montagne, auquel j'ai dit adieu au bout de quatorze campagnes.

Ils rentrent à l'Avant-Pays par le dernier car ; je sors mon arrière-pays, en évitant le premier corbillard. Sur-le-champ, nous nous saluons, comme si nous étions armés encore du collège et joyeux drilles, convenons-en, au CDI.

Je me relève, moins mort de ce banc qui n'ira plus au tableau ; l'avenir peut compter sur une meilleure portée de javelot.

Parole de soleil

La nuit tombe,

je sors de la supérette.

Une petite fille à couettes

me lance un *Bonjour*.

Son cartable dans le dos

n'a pas tourné ma page.

Notes

Exeat pour un documentaliste hier encore béat

Vendredi 30 août 2024, amorti de carrière :

Chaque année au collège, il y a un lot de départs. Pendant treize ans, j'ai eu le bonheur de me dire "ouf ! je n'en fais pas partie". Mais voilà, aujourd'hui c'est mon tour. Et j'ai le sentiment d'être, comme Alain Delon, réveillé au petit matin par la fin de vie.

Oui, partir en retraite, c'est mourir un peu, c'est mourir du peu. Ne plus travailler ici ne me condamne pas à more (dans l'acception anglaise), mais à moins.

Moins de lumière au cœur des agents ; moins de repas à la bonne étoile du chef ; moins de courrier et d'infos recueillies dans le sourire du secrétariat ; moins de confiance et de moyens accordés par la direction et la fée de la gestion ; moins d'appui au foyer ; moins de jurys d'oral de stage et d'oral de brevet ; moins de parties d'échecs, dont certaines pouvaient miraculeusement pour moi s'achever par un pat (désolé, maître agrégé) ; moins de conscience en science ; moins de sport au tournant ; moins de bière blonde en technologie ; moins de covoiturage sympathique ; moins de rencontres d'auteurs et d'autrices de romans, de scénariste de bande dessinée (et je pense à Pierre Szalowski, Lionel Salaün, Patrick McSpare, Fabienne Swiatly, Carina Rozenfeld, Pascal Teulade, Émilienne Malfatto, Asya Djoulaït, Jean-David Morvan, Pascal Ruter) ; moins de chorale et de théâtre à la salle polyvalente ; moins de fantômes anglais à la langue bien pendue ;

moins de revues de presse avec la webradio du studio 28 ; moins de ti amo mi corazón ; moins de dialogue de sourds avec Ducobu : j'aime pas lire / ça te regarde ; moins d'entente cordiale à l'étude de la vie scolaire et moins de luttes, primées contre le harcèlement, pour l'égalité fille garçon au lavoir notamment, sous le phare principal d'éducation ; moins d'élèves épatants, à force d'être épatés dans la galerie du petit Léonard ; moins d'affinités poétiques dans la surface de réparation chère à François de Cornière ; moins de difficulté d'être à rassurer ("vous êtes un second père pour moi") sur le front du monde qui sacrifie tout au succès d'avoir.

Condamné à moins, le mot est faible. Il est temps d'aller m'asseoir sur un banc, cinq dernières minutes avec moi. Je resterai morgane de vous et je sais que mes enfants de substitution, devenus grands, ne rateront pas un horizon de me relever.

Fiche d'après

Un merveilleux canard aux oranges est servi ; il ne boite pas des répliques de Michel Simon et de Louis Jouvet. C'est loin d'être le cas pour ce bureau qui n'avait pas pressenti, lors de la permanence du 8 juillet 2022, qu'il serait deux ans après, sans autre forme de procès, déconstruit...

Double ration

Sans fausse pelle à Aiguebelette et sur Facebook :

> *Belle retraite Pascal, avec toujours beaucoup de poésie, en souvenir du CDI "* - Juliette N. ;

> *Toujours un plaisir de passer vous voir quand vous étiez au collège :) Profitez bien de la retraite et merci :)* - Clément G.

Déchirement

Le samouraï Alain Delon est mort le 18 août 2024. Pour qu'il voit enfin ses parents ensemble et retrouve Romy, Nathalie, Simone, le cercle blanc a fait grâce nette.

Naguère des étoiles

Humble du scintillement de Léon-Gontran Damas : " *Vous dont les ricanements* ".

Un démenti pour dot

" *Pauvre mec* ", témoigne aussi la sublime Agnès Soral, au perpétuel café noir de Coluche.

Mise à sac de rando

Avec Véronique Laurence, Josquin et Olivier, je lève un bâton à la mémoire de Michel Blanc.

Beaucoup d'amour

Elle me faisait de l'effet... Larsson, Nicolette.

La réparation de l'église

Premier jour de 2024. Métropole vide... Le flash dans le vitrail réplique à la photo que j'ai prise côté faille.

Lexi Rose

Sur Facebook et YouTube, elle est la preuve vivante que New York ne cache pas toujours le soleil. À la voir gratter le ciel des Van Halen, Knopfler, Gilmour, Schenker, j'ose rythmer que la copie est plus belle que l'original. Comme le rock ne coule pas avec l'océan, je reçois une vague d'écume blonde : " *Merci de me suivre. Je vous adresse beaucoup d'amour, pour vous et votre famille.*"

Tu es resté un fils, pauvre homme

Le froid installé : à la température de l'abandon du domicile conjugal par mon père.

L'aval de la source

Eh oui, c'est bien à l'ombre de cet arc que tu t'es abstenu de faire flèche d'émoi, vilain (comme Ugolin), à boucher le cours des mots bleus, pourtant encouragés (dans Télé-Savoie : *Un bonjour, cela n'engage à rien...*) par Marianne à la boule diaphane.

Ce samedi 30 juin 1990, à 10h30, pourquoi as-tu choisi de rester dans le noir au lieu de te tester devant une grande histoire ? Et, pas de blague, ce serait fendre encore la bague de donner à son sentiment la raison de John Willoughby comme ce pauvre alibi :

> *" Mon ange, si tu veux bien, repasse*
>
> *dans plusieurs vies. Il faut que je fasse*
>
> *ma mort. Pour comprendre à quel cercueil*
>
> *tu étais, sous la voûte, le plus tendre seuil."*

Jardin d'hymen

Poème publié dans le numéro 104 de la revue *Lichen*, dirigée par la poétesse Nadège Cheref.

C'est bien de cueillir les *Fragments* de Marilyn Monroe : *" I seek joy but it is clothed with pain "* / Je cherche la joie mais elle est habillée de chagrin.

Consolé de la ville (Paris) à la campagne (Passel), Stéphane aura été on ne peut plus inspiré, en février 1956, de vouloir lier sa destinée à Jacqueline, future petite maman immense d'amour.

Les vertus ne sont pas virtuelles

Christian Bobin témoigne : *"La terre se couvre d'une nouvelle race d'hommes à la fois instruits et analphabètes, maîtrisant les ordinateurs et ne comprenant plus rien aux âmes, oubliant même ce qu'un tel mot a pu jadis désigner."*

La mémoire ne dégrade pas

Je pense très fort à mon grand-père Victor, grand blessé devant Verdun et aussi, dans l'oraison loin d'être chimérique, au poète Jean de La Ville de Mirmont :

" Cette fois, mon cœur, c'est le grand voyage,

Nous ne savons pas quand nous reviendrons.

Serons-nous plus fiers, plus fous ou plus sages ?

Qu'importe, mon cœur, puisque nous partons !"

Décrassage

Quel beau petit vélo à guidon chromé au fond de la cour ! C'est un jour Perec. Made in Savoie by Flore et Fantine, il m'attend pour dépasser Michèle Mouton en Renault Alpine.

La chapelle Sainte-Anne, une sacrée manne vers le village cher à Amélie Gex et Evrard de Millières.

Le renard reste libre dans l'objectif

Si l'on veut bien apprendre la nature animale en photo, il convient de développer notre regard avec Mathieu Labrosse. Et l'on ouvrira aussi grand les yeux à suivre en montagne Christophe Manovello. Passez par le gîte Facebook.

Avoir le dessous pour avoir eu le dessus

C'est un fin tireur et puis on ne cherche pas des enfants de chœur / selon Yul Brynner au recrutement des Sept Mercenaires.

Trouver midi au café de Paris

Rien de moins difficile pour Catherine, Mandy, Karine... Et Bibi de saluer Maurice Barrier, chanteur du temps des grives aux loups...

Hi-han, sous le soleil authentiquement

L'intelligence des ânes, une émission de *la Place du Village*. Un grand merci à Jean-Noël et Philippe Deparis, à Chrystelle – conseillère départementale du canton de Sciez, et surtout à Babole, de la ferme *Chez l'Irmande*.

Une silhouette noire

J'ai reçu un pneumatique du Beaufortain ; j'aurais de loin préféré une correspondance avec Delphine Seyrig...

Par le canal de Régine, une vétitable amie, l'invitation au ski a été transmise à Massimo. C'est à lui que la bonne tenue de route de Clio incombe depuis février. J'aimais bien rouler avec elle sur la neige, mais cette part de nostalgie manque de coffre, au regard du grand bonheur qu'un jeune saisonnier, disparu au volant du 6 novembre 2021, prenait au virage de la boulange.

Ce n'est pas adieu possible !

Connaître la fin au stade des commencements, c'était pour nous inimaginable, jusqu'à l'aube de samedi. Tu nous laisses en rade, avec ce bouleversement des choses réalisables de ton chemin. Nous nous souvenons du regard qui lançait l'éclair de l'arrivée au départ ; tu voulais vivre tes propres chapitres, avoir du cœur à l'ouvrage sans le moindre filtre. Ouvrons l'album photo de ton passage au collège ; il développe le même héritage. Novembre 2014. Dans le métro d'un voyage à Paris, tu fixes le parcours imposé d'un air insoumis. Juin 2016. Tu honores la Résistance à La Bridoire. Les petits écoliers répondent, sur le fil d'un atelier, aux questions qui mémorisent la vraie France. Tu montes ensuite au front comme apprenti, premiers pains croustillants à Novalaise, pour mieux donner ta saison de boulanger balaise aux skieurs en miettes de la station des Saisies.

Lyan, les anges n'ont qu'à bien se tenir ; le croissant de la lune ne suffira plus : l'Éternité comptera sur ton sourire pour avoir bonne pâte à perte de vue.

Le chapeau flotte

C'est un Borsalino, avance Delon. Une fille s'évertue à tromper le cours des événements : " *Y'a Machin qui veut aller pêcher !* " J'ai le cœur tout rouge, à l'idée de devancer Brad Pitt et le pêcheur 54 (Louis de Funès...) au concours de la truite arc-en-ciel.

Et au milieu coule une rivière de sang ; il est poésie de boxer dans la même catégorie que Rocky.

Adrian !
Tu as refusé de jeter l'éponge ;
l'amour ne raccroche pas la noce.

La vie a une bonne allonge ;
nous avons gardé un cœur d'enfant.

Remerciements

À mes anciens camarades de cordée nationale, qui enlèvent bien des épines sur le matin des roses.

Aux enfants et adolescents, grâce auxquels je serai resté jeune, en prise d'âge.

Aux aînés, qui veillent depuis la grande lumière sur mes petits soleils et ma part d'ombre.

À mon frère Philippe et à Samuel, un mien neveu, sans lesquels je ferais moins preuve de maintien dans l'amour de la famille.

Aux chagrins, porteurs de poèmes.

À l'équipe de Saint-Étienne, titrée à ma naissance et dont j'espère voir, avant le vestiaire de l'âme, la renaissance.

À Edoardo Bianchi, pour m'encourager encore à " mettre tout à droite " au plus fort de la pente et toujours à l'eau claire.

Accessits

Né de Jacqueline et Stéphane, le 16 juin 1957 à Paris (17e).

Au nombre des premiers licenciés en droit de l'Université de Savoie.

Soldat de première classe sous le drapeau du 35e Régiment d'Infanterie et le lion de Belfort.

Capésien en documentation, passé par les âmes de l'Institut Universitaire de Formation des Maîtres (Grenoble) du Collège Simone de Beauvoir (Crolles), du Lycée professionnel de la Cardinière (Chambéry), du Collège Gaston Ramon (Villeneuve-l'Archevêque) et du Collège de l'Épine à Novalaise (sans oublier, en éclaireur sous contrat, l'Établissement Régional d'Enseignement Adapté Amélie Gex et le collège Edmond Rostand de La Ravoire).

Lecteur de Jean-Jacques Rousseau, Stendhal, Patrick Modiano, Michel Houellebecq, Philippe Jaccottet, François de Cornière, Cesare Pavese, Pierre Reverdy, Octavio Paz…

Inutile de couper en quatre les cheveux de neige ;
ce serait la fable de trop pour le CDI du collège.

© Pascal Verbaere, 2025

Édition : BoD · Books on Demand,
31 avenue Saint-Rémy, 57600 Forbach,
bod@bod.fr
Impression : Libri Plureos GmbH,
Friedensallee 273, 22763 Hamburg
(Allemagne)

ISBN : 978-2-3225-9477-1
Dépôt légal : mai 2025